中国骄傲

主编 柳建伟

中国田径——披荆斩棘

北京时代华文书局

《中国骄傲》系列图书编委会

主　　编：柳建伟

编　　委：王晓笛　李西岳　杨海蒂　宋启发
　　　　　张洪波　张　堃　陈怀国　董振伟

特邀顾问：丁　宁　邓琳琳　许海峰　郑姝音
　　　　　赵　帅　徐梦桃　傅海峰　魏秋月

特邀专家：王　姗　王　海　江斌波　安　静　李尚伟
　　　　　李　震　何晓文　庞　毅　崔　莉　魏旭波

（按姓氏笔画排序）

写在前面

《中国骄傲》，如何诞生？

1984年洛杉矶夏季奥运会，许海峰一声枪响震惊世界，为中国体育代表团摘得奥运首金。自1984年起，中国体育代表团已经全面参加十届夏季奥运会，中国一步步成长为世界竞技体育强国。在这个过程中，中国体育健儿留下了无数值得铭记的经典瞬间。中国体育健儿的赛场故事，是动人、励志、具有感染力的；中国体育的荣誉瞬间，是辉煌、耀眼、增强民族自信心、提升民族自豪感的……

光阴似箭，40年已过，2024年，又是一个"奥运年"。值此之际，我们希望有一套图书可以传承中国体育的拼搏精神，可以让孩子们铭记动人的体育英雄故事，可以帮助孩子们树立正确的价值观、选择合适的励志榜样……《中国骄傲》系列图书应运

而生。我们希望用这套图书播下体育强国梦的种子，我们期待这套图书让中国的体育英雄故事跃然纸上，我们憧憬这套图书让更多的孩子爱上体育……

《中国骄傲》，内容如何构成？

中国体育代表团的征战史无比灿烂，中国体育健儿的传奇征途无比辉煌，有限的篇幅难以展现全部。在此我们只能选取部分体育项目和部分运动员的故事重点描绘，在这里没有先后、主次排名，只有我们对每一个"中国骄傲"无比的敬意。

目前《中国骄傲》系列图书有十册呈现给读者，分别是：《中国女排》《中国乒乓》《中国跳水》《中国田径》《中国射击》《中国游泳》《中国体操》《中国羽毛球》《中国时刻》《中国冬奥》。

《中国骄傲》，一直在路上……

未来，《中国骄傲》系列图书也将努力呈现中国体育更多的动人篇章，包括夏奥会、冬奥会、残奥会等，我们致敬所有为中国体育倾情付出的传奇英雄。《中国骄傲》系列图书就如同体育赛场的"中国骄傲"，一直在路上……

中国田径，披荆斩棘！

田径被称为"运动之母"，是奥运会历史上最古老的体育项目之一。1932年，中国运动员首次征战奥运会，刘长春参加的便是田径项目。

1954年，中国田径协会成立，自此之后，一批批中国田径人以开拓者的无畏姿态，彰显了中国速度。1983年，徐永久在竞走世界杯女子10公里比赛中折桂，实现中国田径世界冠军"零的突破"。1984年，朱建华纵身一跃征服2.31米的高度，用一枚铜牌实现中国田径奥运奖牌"零的突破"。1992年巴塞罗那奥运会，陈跃玲在女子10公里竞走比赛中夺金，填补了中国田径奥运金牌的空白。

进入21世纪，中国田径运动飞速发展，涌现了世界级的田径巨星。刘翔在2004年雅典奥运会男子110米栏项目中奇迹摘金，演绎了中国田径乃至中国体育历史上最传奇的一幕。中国田径的发展史，有太多荡气回肠、可歌可泣的篇章。

《中国田径》在这些篇章中选取了部分运动员的故事呈现给读者。有限的篇幅无法承载全部的荣耀，谨以此书致敬所有为中国田径事业加倍付出、努力开拓、艰难突破的田径人。

卷首语
中国速度,颠覆历史

创造亚洲人奇迹的刘翔,第一个冲过终点。
缔造9秒83神话的苏炳添,怒吼着挺进决赛。
四战奥运会的巩立姣,呐喊着赢下金牌。
震惊世界的"东方神鹿",
身披国旗赢得全场欢呼。
屡创奇迹的中国竞走队,
实现包揽前三名的壮举。

田径场上的比赛,中国队从来不占先天的优势。
但一代代中国田径人,
无视偏见,无惧困难,无畏挑战,
一次次把不可能变成可能,

展示中国速度，彰显中国力量，创造中国奇迹，成就"中国骄傲"！

谁说中国人不能在奥运会跨栏项目中夺冠？
谁说中国选手百米比赛时间不能突破10秒？
谁说中国铅球运动员不能夺得奥运冠军？
永远在打破质疑、突破自我的中国田径人，
不仅赢得了奥运奖牌，
也赢得了世界对东方大国的刮目相看。

目录

1

第一章

"红色闪电"
——刘翔

21

第二章

亚洲百米飞人
——苏炳添

41

第三章

中国"姣"傲
——巩立姣

61

第四章

"走出"中国奇迹
——中国竞走

81

第五章

不惧挑战
——英雄辈出

100

致敬
奥运会英雄谱

103

典藏
中国田径荣耀时刻

108

田径小百科

他在希腊演绎神话,
他在第九道逆风翻盘,
他在田径场击碎偏见。

他是**刘翔**,
他是亚洲飞人,他是奇迹的诠释者。

第一章

"红色闪电"
——刘翔

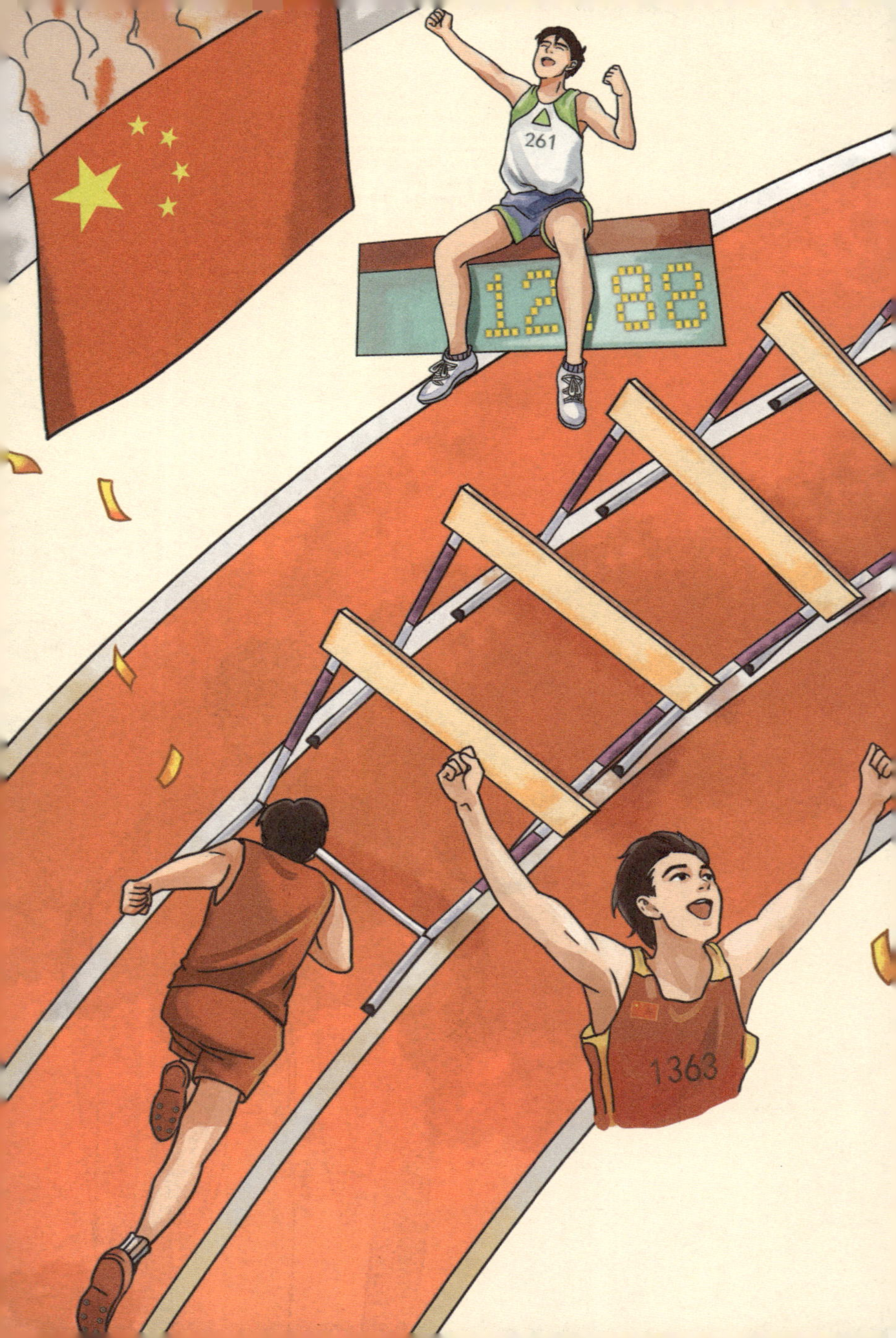
261
12.88
1363

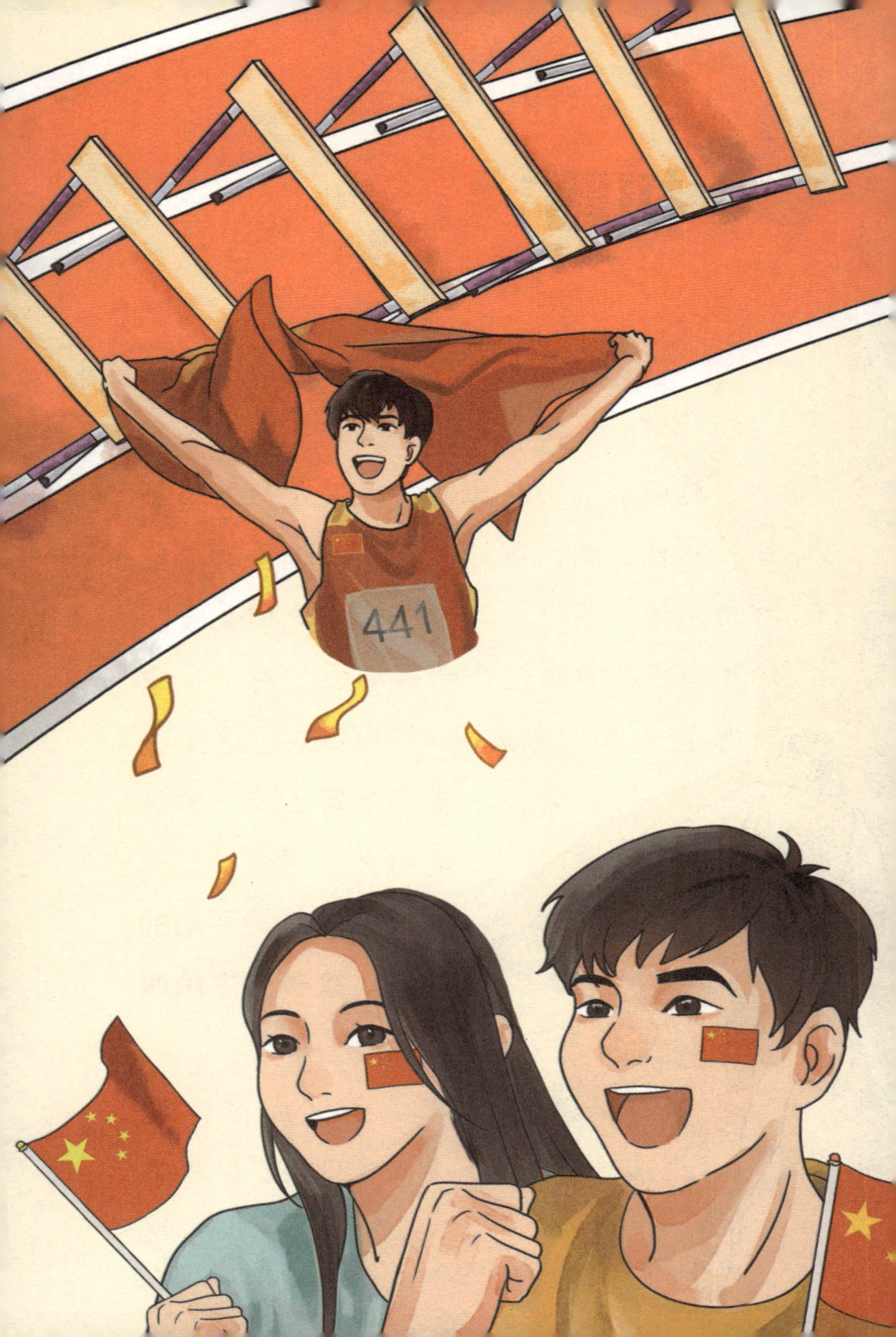
441

初露锋芒

奥运会的田径比赛,尤其是短距离项目,来自欧洲、美洲、非洲的选手有着绝对的优势,罕有亚洲选手能与他们竞争。但2004年雅典奥运会的赛场上,有一位中国选手,以"舍我其谁"的姿态霸气摘金,改写了亚洲田径的历史。

这是一段梦幻的故事,故事的主角叫刘翔。

年少成名,这是刘翔职业生涯早

期最真实的写照。1983年出生，1999年进入国家队，2001年8月28日，刘翔在世界大学生运动会中，以13秒33的成绩拿到了男子110米栏项目的金牌，这是中国运动员在大运会上获得的首枚田径金牌，也是刘翔获得的第一枚世界级金牌。

惊喜，接踵而至。

2002年7月，刘翔以13秒12的成绩打破男子110米栏亚洲纪录，并将沉睡了24年之久的男子110米栏世界青年纪录，提高了0.11秒。2004年5月，刘翔在日本大阪国际田联大奖赛中以13秒06的成绩获得冠军，击败当时110米栏项目世界最强选手、美国运动员阿兰·约翰逊，初露锋芒。

闯入决赛

2004年雅典奥运会，刘翔首次出征奥运会男子110米栏项目，曾经拿到过奥运会和世锦赛冠军的阿兰·约翰逊是他的主要竞争对手。此前击败过阿兰·约翰逊的战绩让刘翔在奥运会的赛场上有了更加充足的自信。但很快，让刘翔没有想到的事情发生了。

8月26日，男子110米栏预赛第二轮，夺冠热门选手阿兰·约翰逊在比赛中被栏架绊倒，无缘接下来的比赛。随着阿兰·约翰逊的出局，这届奥运会该项目的冠军归属扑朔迷离，竞争更加激烈。

刘翔在决赛之前的表现非常稳健，预赛和半决赛他都没有使出全力，冲刺阶段均有所保留。最终，刘翔顺利地获得决赛资格，站上了男子110米栏决赛的赛场。**闯入决赛，刘翔已经创造了中国田径在这个项目中的历史。**但他前进的脚步没有就此停歇，让全中国人民激动的时刻即将来临！

刘翔赢了

2004年8月28日,雅典奥林匹克综合体育场内气氛紧张,刘翔站在男子110米栏决赛的第四道,他是决赛中唯一的亚洲选手。第一次发枪前,有选手向裁判示意起跑不是很舒服,于是所有选手回到起跑线重新开始准备。而后,第六道的美国选手特伦斯·特拉梅尔抢跑,八名选手再次重回起跑线，此时气氛已经紧张到让人窒息。

随着一声发令枪响，刘翔如离弦之箭迅速起跑，出色的跨栏节奏和细腻的栏间跑技术，让他迅速建立了明显的领先优势。冲刺阶段刘翔没有给对手任何机会，第一个冲过终点线。最终，刘翔以12秒91的成绩追平世界纪录，并创造了新的奥运会纪录，拿下了奥运金牌！**中国田径男子项目第一枚奥运金牌就此诞生，亚洲田径的历史也从此被改写！**

雅典奥林匹克综合体育场内，刘翔身披五星红旗，忘情地庆祝。那是一个属于刘翔、属于中国田径、属于亚洲田径的夜晚。

1 最强宣言

年仅21岁的刘翔，创造了中国田径的历史。鲜衣怒马少年郎，刘翔在接受采访时，彰显着年轻人的霸气和自信。他哽咽着说道："我今天一定要证明给大家看，我是奥运会冠军！"在这个欧美选手占据优势的项目中，他横空出世，成就了不朽的神迹。

颁奖仪式上，刘翔身披五星红旗，面带微笑地跳上了领奖台。刘翔这一跃，是属于中国田径的伟大一跃。

刘翔冲过终点线，夺得奥运会金牌的画面，在往后的时光里被无数次回放。

因为刘翔创造了跑道上的奇迹,彰显了中国速度。这枚让人心潮澎湃的金牌,成为刘翔腾飞的起点。自此之后,他开启了更加传奇的征途。

打破世界纪录

2005年8月,刘翔站在了世界田径锦标赛男子110米栏决赛的跑道上,最终他跑出了13秒08的成绩,以0.01秒的劣势屈居亚军,但也创造了中国男子选手在世界田径锦标赛中该项目的最好成绩。

处在职业生涯上升期的刘翔,很快就再次迎来里程碑。2006年7月12日,国际田联大奖赛洛桑站男子110米栏决赛,刘

翔跑出了12秒88的成绩,打破了由他和科林·杰克逊共同保持的12秒91的世界纪录,成为历史上首位突破12秒90大关的选手。

刘翔坐在12秒88计时牌上的瞬间,也定格成为中国田径历史上的经典画面。 当年9月,在国际田联大奖赛总决赛的比赛中,刘翔再度跑进13秒,以12秒93的成绩夺得冠军并打破赛会纪录,这是中国选手首次夺得该赛事的冠军。

整个2006年,刘翔屡次创造历史,在男子110米栏项目中几乎战无不胜。

"第九道奇迹"

2007年，刘翔延续了前一年的好状态，在6月的纽约锐步大奖赛，他跑出了12秒92的好成绩。8月份，第11届世界田径锦标赛如期而至。上一届世锦赛因0.01秒无缘冠军的刘翔，迫切地需要世锦赛冠军去实现110米栏项目的"大满贯"（奥运会冠军、世锦赛冠军及世界纪录保持者）。

半决赛中，刘翔排名第五。根据规则，以第五至第八名进入决赛的选手，将被安排在第二、三、八、九赛道，刘翔运气不佳，被抽到了第九道。在田径直道项目中，有着"九道不胜"的说法。因为处在第九道的选手，太过靠边，无论从观察对手还是奔跑感觉来讲，都处在绝对的劣势。

但刘翔将"九道不胜"变成了"第九道奇迹"！他呼啸着冲过终点，跑出了12秒95的成绩，击败众多好手拿到了世锦赛冠军，实现了男子110米栏项目的"大满贯"。2004年雅典奥运会上横空出世的青涩少年，已然成为110米栏跑道上的绝对王者。

重伤归来

2008年北京奥运会,刘翔因伤退赛留下了巨大的遗憾。但是伤病并没有将刘翔击倒,手术后他通过更加刻苦的训练实现了王者归来。2009年9月20日,在上海国际田径黄金大奖赛中,刘翔迎来重伤退赛后的首次亮相,以13秒15的成绩获得亚军,表现非常出色。随后的两年时间,刘翔逐渐从伤病的阴影中走了出来,努力地追逐巅峰期的自己。

2012年6月,国际田联钻石联赛尤金站男子110米栏的决赛,与刘翔同场竞技的七名对手中,六人来自美国,一人来自英国。刘翔以一敌七，战胜欧美选手，跑出12秒87的成绩，拿到了冠军。当月公布的世界男子110米栏排名中，刘翔时隔五年重回榜首。经历了重伤的刘翔上演了王者归来的好戏，再度成为男子110米栏项目中的最强选手。

风静了，雨停了，刘翔回来了！

2012年国际田联钻石联赛尤金站
男子110米栏决赛成绩

名次	国籍	运动员	成绩
1	CHN	刘翔	12.87
2	USA	阿里斯·梅里特	12.96
3	USA	贾森·理查德森	13.11
4	USA	德克斯特·福克	13.12
5	USA	大卫·奥利弗	13.13
6	USA	瑞安·威尔逊	13.29
7	USA	阿什顿·伊顿	13.34
8	GBR	安迪·特勒	13.46

飞人告别

然而,命运又跟刘翔开了个玩笑。2012年伦敦奥运会的赛场上,刘翔在预赛中跟腱重伤。摔倒之后的刘翔单脚跳过终点,结束了自己的奥运会征程。他深情地亲吻栏架,与曾经的荣耀和辉煌告别。

2015年刘翔正式宣布退役,在退役仪式上,他哽咽着说道:"我想告诉大家的是,在我个人职业运动生涯中,碰到困难、挫折和对手时,我从来没有退缩过、逃避过、害怕过,(而是)始终尽我所能去努力、去挑战、去拼搏。"

这段动情的发言,恰是刘翔职业生

涯最真实的写照。

在一个欧美选手长期独占鳌头的项目中,刘翔付出了超出常人的努力,跨越十重栏杆,实现突破。他的励志故事中,**一战成名的意气风发固然让所有人向往,但遭遇低谷之时的不灭斗志,更能给人带来力量。**

飞人刘翔的110米栏职业生涯,不仅有一蹴而就的冲刺摘金,更有在泥泞沼泽中的坚定前行。

他超越年龄和伤病的限制,
他突破亚洲人的极限,
他百米比赛跑出 9 秒 83 的惊世成绩,
他站上了奥运会百米决赛的跑道。

亚洲百米飞人苏炳添,
诠释中国速度。

第二章

亚洲百米飞人
——苏炳添

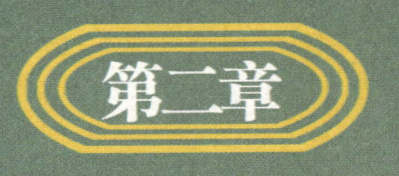

亚洲 极限

伤 病

年 龄

9秒83

SU

短跑天赋尽显

苏炳添出生于广东省中山市一个普通家庭,父母在家务农。他小时候就喜欢在泥地里奔跑,有着超出常人的爆发力。

跑步比赛中,同村里的很多大孩子都不是他的对手。

入读初中时,苏炳添只有1.50米左右,却已经可以摸到篮板,弹跳力惊人。2004年11月,苏炳添参加中山市中学生运动会男子100米比赛，跑出11秒72的成绩，获得了冠军，进一步显露出短跑的天赋。因为成绩出色，苏炳添很快被招入体校。

　　苏炳添有着远超同龄人的自律，训练非常刻苦，**他的光芒注定是藏不住的**。只接受了一年多的系统训练，苏炳添便跑出了10秒59的百米成绩。不久之后，苏炳添顺理成章地进入广东省田径队，开始接受更高级别的训练。

11 金露锋芒

2008年是苏炳添崭露头角的一年，在全国室内田径锦标赛上，苏炳添收获了男子60米的金牌。2009年是苏炳添大展拳脚的一年，这位后来的亚洲百米飞人在这一年可谓收获颇丰。

2009年5月全国田径锦标赛男子100米比赛，还不满20岁的苏炳添跑出了10秒28的好成绩，夺得冠军。接下来的亚洲田径大奖赛、全运会、亚洲室内运动会、东亚运动会上，苏炳添所向披靡，全部有金牌进账。

据统计，整个2009年，苏炳添在各项赛

事中一共拿到了11枚金牌。尽管此时的他还没有在世界大赛中有所斩获,但这位初出茅庐的小将已经在国内引起了不小的轰动,亚洲百米飞人此刻蓄势待发。

站在亚洲之巅

2010年苏炳添迎来了职业生涯的第一个里程碑时刻，11月26日的广州亚运会男子4×100米接力决赛，他与队友陆斌、梁嘉鸿和劳义搭档，最终中国队跑出了38秒78的好成绩，一举刷新全国纪录和亚运会纪录，**中国男子4×100米接力队时隔20年再度站上亚洲之巅**。此时对于苏炳添来说，如果能够和接力队友们站在奥运会的领奖台上，那将会是更加荣

耀的时刻。

2011年,苏炳添在个人成绩层面迎来了巨大的突破,破纪录犹如探囊取物。3月,全国室内田径锦标赛成都站,苏炳添在60米的比赛中跑出了6秒56的好成绩,打破全国纪录。同年7月的亚锦赛男子100米决赛,苏炳添跑出10秒21的成绩,夺得冠军。8月的世界大学生运动会,苏炳添收获了一枚铜牌。9月,他在全国田径锦标赛100米决赛中跑出了10秒16的好成绩,打破全国纪录。

当苏炳添一次次刷新全国纪录,当他在亚洲赛场所向披靡,年轻的苏炳添已经不满足于当下的竞争,他要向更高水平的舞台发起挑战。

挑战强敌

2012年伦敦奥运会，苏炳添首次站上奥运会的舞台，最终他在男子100米中跑出了10秒19的成绩，顺利晋级半决赛。**苏炳添也由此成为中国短跑史上首位晋级奥运会男子100米半决赛的选手。**虽然最终未能晋级决赛，但是苏炳添已经向世界展示了亚洲百米飞人的绝对速度。

2013年5月，国际田联世界田径挑战赛北京站男子100米比赛中，苏炳添跑出了10秒06的成绩，刷新了个人最好成绩，拿到了铜牌。2014年3月，苏炳添在世界室内田径锦标赛男子60米的比赛中闯进决赛，成为第一位晋级世界大赛短跑决赛的中国选手，最终获得第四名，这也是中国选手在世界大赛短跑项目中创造的历史最好成绩。

这个时期的苏炳添，在欧美选手擅长的短跑项目中，以一己之力挑战强敌。他不断突破自己的极限，更多的纪录在前方等待着他。

跑进 10 秒

百米比赛跑进10秒，是许多短跑选手追逐的目标。遗憾的是，直至2015年，还没有任何一位亚洲本土选手取得过这样的成绩，"9秒区"成为亚洲短跑人的"禁区"。不信邪的苏炳添，一直在为冲破10秒大关而努力，他的愿望也终于在2015年得以实现。

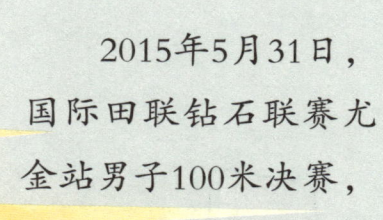

2015年5月31日，国际田联钻石联赛尤金站男子100米决赛，

苏炳添以9秒99的成绩拿到第三名。**这个成绩让他成为真正意义上首位跑进10秒大关的亚洲本土选手，亚洲田径男子短跑的历史从此被改写。**

随后，苏炳添愈战愈勇。2015年北京田径世锦赛，苏炳添再度跑进10秒大关并闯入决赛，他也由此成为首位进入世锦赛百米决赛的亚洲本土运动员。在这届世锦赛的4×100米接力比赛中，苏炳添帮助中国接力队拿到亚军，创造了亚洲田径的历史。

9秒83震惊世界

步入职业生涯黄金期的苏炳添，在国际大赛中屡创佳绩。2016年里约奥运会，苏炳添再次晋级男子100米半决赛，并在男子4×100米的接力赛中和队友一同闯进决赛，最终斩获第四名。2018年，苏炳添两次跑出9秒91的成绩，不仅刷新个人最好成绩，更是追平亚洲纪录。

跑进10秒之后，苏炳添挑战极限，不断提升，站上奥运会百米决赛赛场的梦想，越来越近了。

2021年8月1日，东京奥运会男子100米半决赛，苏炳添站上了"死亡之组"的跑道。这个小组中，有多名选手的最好成绩在10秒以内，苏炳添的逐梦之路注定坎坷。

一声枪响，苏炳添在自己最为擅长的起跑环节一马当先，奔跑途中他风驰电掣，保住了优势，最后时刻他呼啸着撞线——9秒83！苏炳添以小组第一的成绩成为中国首位闯入奥运会男子100米决赛的运动员，亚洲纪录被大幅度提升。

苏炳添创造了历史，他怒吼着庆祝，肆意地拍打着跑道，宣泄着情绪。

旗手苏炳添

奥运会男子100米决赛被视作亚洲人的"禁区",在伤病增多和年龄增大的双重因素制约之下,苏炳添看似无法闯入这个"禁区"了。但第三次出征奥运会,他终于圆梦,用9秒83的成绩击碎了所有的质疑和偏见,成为电子计时时代,首位闯入奥运会男子100米决赛的亚洲人,书写了亚洲田径全新的篇章。

决赛,刚刚休息了两个小时、已经拼到力竭的苏炳添,享受着属于他的时刻。站在每一位百米选手梦想的起点,他跑出了9秒98的成绩,收获第六名,同样创造了中国田径和亚洲田径的历史。

奥运会中国体育代表团在这一届奥运会中斩获了38枚金牌，而苏炳添"9秒83"的含金量，丝毫不低于任何一枚金牌。正因如此，他成为奥运会中国体育代表团在闭幕式上的旗手。**挥舞着五星红旗，苏炳添迎来了职业生涯又一个荣耀的时刻。**

奥运铜牌

苏炳添创造历史的脚步没有停下。

2020东京奥运会（因疫情原因延期至2021年举办）男子4×100米接力决赛中，苏炳添领衔的中国接力队拿到了第四名。但由于英国运动员违规，中国队递补获得铜牌，创造了历史最好成绩。苏炳添在这届奥运会上不仅创造了亚洲人的百米历史，还收获了一枚宝贵的铜牌，取得了耀眼的突破。

2023年10月4日，杭州奥体中心体育场的夜幕下，历史性的时刻到来——苏炳添、吴智强、汤星强、谢震业领取了本该属于他们的奥运会铜牌。**经历了几代人的努力，中国男子4×100米接力队终于赢得了奥运会奖牌。**

从不被看好的"小个子"飞人，到缔造9秒83神话，苏炳添用始终如一的勤勉、自律和刻苦，把不可能变为可能，日积跬步，终成"苏神"。

蓄力、投掷、落地,
短短几秒的过程,
她奋斗了 20 多年。
9 次参加田径世锦赛、
4 次参加奥运会、无数荣誉,
以及还未实现的"21 米"愿望……

中国"姣"傲**巩立姣**,
永远在逐梦的路上。

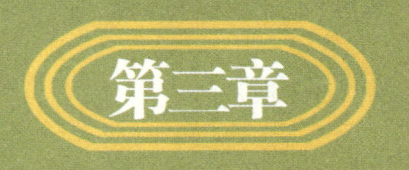

第三章
中国"姣"傲
——巩立姣

18

21米

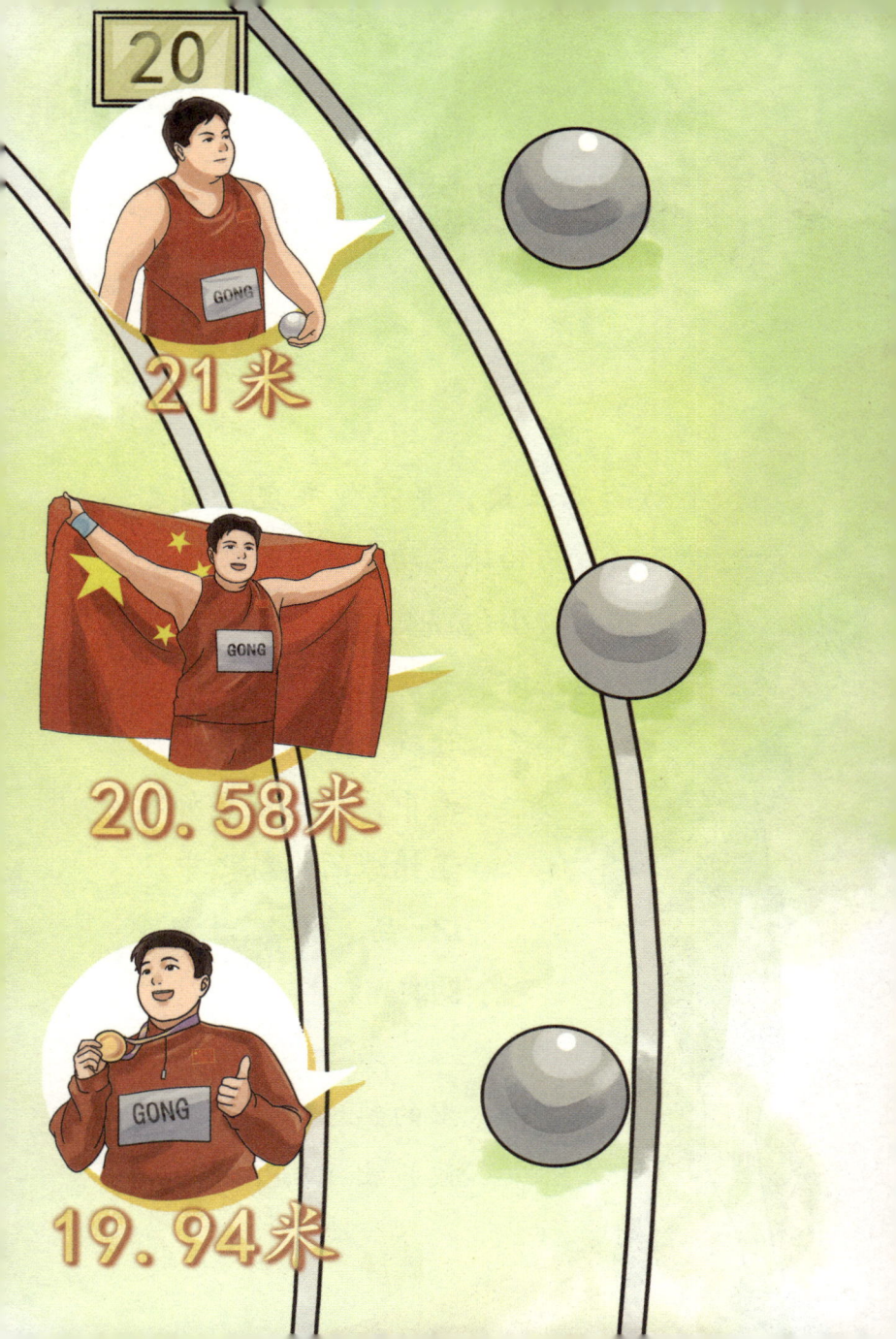

20.58米

19.94米

不解之缘

年幼的巩立姣，早早便展现了自己的运动天赋，与铅球运动有着不解之缘。还在上小学时，小伙伴练习铅球，巩立姣就在一旁充当陪练。一次无意中的投掷，让巩立姣被体育老师看中，她就这样加入了铅球的训练之中。**这一练，就是二十多载的时光。**

第一次参加镇里的铅球比赛，巩立姣投出了8.88米的成

绩，获得了宝贵的奖状，她在上面写下了一句经典的名言："成功等于99%的汗水和1%的灵感。"

知行合一的巩立姣是这么写的，也确实是这么做的。

铅球这项运动不仅需要出色的力量基础，更要求运动员具备出色的技术，练起来非常辛苦和枯燥。但巩立姣从不叫苦叫累，小小年纪就懂得自律和汗水的意义，每次都训练到筋疲力尽。

"99%的汗水"让巩立姣迅速成长，初出茅庐的"中国大力士"，很快就取得了好成绩。

迟到的奖牌

刚满18岁的巩立姣,成为国内女子铅球项目的佼佼者。2007年,巩立姣第一次参加田径世锦赛,便拿到了第七名的好成绩,在国际大赛中崭露头角。

随之而来的2008年北京奥运会,巩立姣当时获得了第五名的好成绩。但由于亚军和季军选手被查出使用违禁药品,巩立姣递补获得了一枚"迟到的铜牌"。

同样的故事在四年后再次发生,2012年伦敦奥运会女子铅球决赛,巩立姣投出了20.22米的赛季最好成绩,当时她排名第四。随后,这项赛事的金牌和银牌得主先后被查出使用违禁药品，巩立姣递补获得了一枚银牌。

两战奥运会两次获得奖牌，尽管还没有金牌进账，但对于一名年轻选手来说，这已经是了不起的荣耀。

然而用巩立姣的话说："**我必须和自己较劲，不抛弃、不放弃，坚忍、坚持，才能一天比一天好。**"她并不满足于现阶段的成绩，在之后的运动生涯里，她一厘米、一厘米的进步，不断地向奥运会金牌发起冲击。

21 两个梦想

2013年莫斯科田径世锦赛，巩立姣以19.95米的成绩拿到铜牌。2015年北京田径世锦赛，巩立姣以20.30米的成绩收获了银牌，这是她五次参加世界锦标赛的最好成绩。

2016年5月，巩立姣在德国哈勒投出了20.43米的成绩，再次刷新个人纪录，取得了惊人的突破。这个成绩也超越了2015年北京世锦赛

冠军选手取得的成绩。

此时的巩立姣有两个梦想。

一个是投掷出21米的成绩。酷爱和自己较劲的巩立姣，已经不满足于战胜其他选手，她想挑战自己的极限。21米便是她苦苦追寻的梦想——她不断刷新自己的最好成绩，却始终达不到21米这个目标。

另一个梦想则是站在奥运会的最高领奖台上。在2008年和2012年奥运会连续拿到奖牌，让巩立姣对奥运会金牌充满了渴望。

即将到来的第三次奥运之旅，**状态正佳的巩立姣，继续逐梦。**

再战奥运会

2016年里约奥运会是巩立姣第三次征战奥运会,但因为各种原因,决赛当天,她并没有处在个人的最佳状态。决赛的前三次投掷,她的成绩都没有突破20米,这远不及她在2016年奥运会之前那些比赛中的表现。看着竞争对手们表现出色,稍显急躁的巩立姣输给了心态,她连续出现犯规,最终的成绩定格在19.39米。

巩立姣原本对这届奥运会寄予厚望,但最终却仅仅位列第四,这个成绩是她征战奥运会以来的最差表现。身体不在最佳状态、心态又出现失衡,这次失利给巩立姣的运动生涯带来了沉重的打击,她一度陷入了瓶颈期。

　　但是经历过大风大浪的巩立姣,很快就调整了自己的状态,一个属于巩立姣的女子铅球时代即将到来。

"铅球女王"

"2016年里约奥运会的惨败告诉我,冠军不是别人施舍的,想要成为冠军必须要有直视失败的勇气。"带着这样的勇气,带着逐梦的信念,巩立姣终于从低谷中走了出来。惨败的经验、成熟的心态,加上数年刻苦努力的积淀,让巩立姣终于迎来了职业生涯的巅峰。

2017年田径世锦赛,巩立姣以19.94米的成绩力压群芳,摘得金牌。**从2007年首次参加世锦赛,到2017**

年终圆世锦赛冠军梦，无数次的差之毫厘，十年的漫长岁月，见证了巩立姣的逐梦之旅。

夺冠之后的巩立姣在随后的2019年几乎战无不胜。当年她13次征战各类大赛，最终收获了12个冠军、1个亚军。这12个冠军中，就包括了2019年多哈世锦赛的冠军。

巩立姣实现了世锦赛的连冠，成为不折不扣的"铅球女王"。但"21米"的目标和奥运冠军的梦想，仍然是巩立姣内心深处的渴望。

终圆金牌梦

2020东京奥运会因为疫情原因延期到2021年举办，延期的这一年是巩立姣经历磨人伤病的一年，好在梦想给了她无穷的动力，让她坚持下来。第四次踏上奥运会赛场，巩立姣带着必胜的信念，势如破竹。决赛第五投，她投出了20.53米的好成绩，位列第一。这一投结束，巩立姣指着胸前的国旗，大声喊出："CHINA（中国），牛！"

第六投巩立姣愈战愈勇，投出了20.58米，再度刷新个人最好成绩，毫无悬念地拿到了2020东京奥运会的金牌，中国奥运史上首

枚田赛金牌被巩立姣收入囊中。

从2008年首战奥运会摘铜，到2012年再战奥运会夺银，再到2021年在东京终于圆了奥运金牌梦，巩立姣一步一个脚印地前进，一次又一次地改变奖牌的颜色，直至站在梦想中的最高点。直径2.135米的铅球投掷圈，重量4千克的铅球，见证了巩立姣的所有汗水和努力。正如她在采访的时候所说：**"人一定要有梦想，万一哪天实现了呢！"**

"巩立姣时代"

在2017年和2019年连续拿下两届田径世锦赛铅球项目的冠军后,巩立姣又在2020东京奥运会上摘得金牌。夺冠之后她非常激动,哽咽着回忆2016年里约奥运会的失利:"2016年失利之后,我平复了好长时间,才又站起来。从失败中我站了起来,我胜利了,失败和成功我都经历了,我什么都不怕了。"

练了二十多年铅球,巩立姣终于

实现了奥运会冠军的梦想，**而她频频在世界大赛中展现出的超强实力，也宣告世界女子铅球迎来了"巩立姣时代"。**

两个膝盖上缠着的厚厚的绷带，是巩立姣"耀眼的勋章"，也诉说着年龄和伤病，给她带来的重重困难。梦想实现了，但热爱永远不会停歇。夺冠之后的巩立姣没有选择转身告别，纵使已经32岁，她仍然选择继续接受挑战，她要继续保持对铅球的热爱，她要继续奔向21米的目标。

热爱无止境

"铅球是个冷门项目。"这是巩立姣对自己的事业很中肯的评价。但是在这个冷门的项目中,巩立姣却倾注了无穷的热爱。正是这份热爱,让她笑迎一次又一次挑战,力逐一个又一个梦想。

2023年杭州亚运会,大病初愈的巩立姣并不在最佳状态,但她仍然投出了19.58米的成绩,**最终实现了亚运会铅球项目的三连冠。**

冠军的目标不会变,21米的梦想还在等待她实现。年龄和伤病不会阻碍她前进的脚步,融进血液里的对铅球的热爱,将支撑着巩立姣继续逐梦。

从蓄力准备到铅球落地只需要几秒钟，但正是无数次的几秒钟编织出了巩立姣的梦想旅程。**每一次的梦想成真，都是对她的热爱和坚忍的最好嘉奖。**

陈跃玲摘得中国田径奥运会首金，
王丽萍在 2000 年悉尼奥运会逆转夺金，
三名女将完成包揽前三名的壮举，
刘虹实现竞走"大满贯"，
陈定、王镇走出中国男子竞走的荣耀之路……

竞走已然成为中国田径队在奥运会上
最强有力的夺金点，
一代代中国竞走人，
"走出"中国奇迹。

第四章

"走出"中国奇迹
——中国竞走

历史性夺冠

孤胆英雄

迟到11年的荣誉

"大满贯"征程

荣耀之路

历史性夺冠，金牌失而复得

1992年8月4日，陈跃玲在巴塞罗那奥运会女子10公里竞走比赛中力压群芳，拿下冠军，实现了奥运会中国体育代表团田径项目金牌"零的突破"，在中国田径历史上写下浓墨重彩的一笔。

1968年出生的陈跃玲，1986年被调入辽宁省竞走队。1992年巴塞罗那奥运会之前，她接连在国际大赛中取得好成绩。尤其是在1990年北京亚运会，她拿到了女子10公里竞走项目的金牌。陈跃玲被视作中国女子竞走的希望之星，她承担着为中国田径在奥运会上争金夺银的重任。

1992年8月4日，巴塞罗那奥运会女子10公里竞走比赛打响。三名中国选手陈跃玲、李春秀和崔英姿携手出发，她们在赛前就制订了比赛计划：前半程跟上大部队，后半程再发力。比赛伊始，她们一直跟随大部队。进入决胜时刻，陈跃玲与李春秀逐渐甩开大部分对手，占据了领先位置，对金牌的争夺进入白热化，**属于中国田径的突破时刻即将来临。**

然而在比赛最后时刻，场上出现了戏剧化的一幕。

处在领先位置的陈跃玲，突然被竞

争对手阿琳娜·伊万诺娃超越。根据竞走比赛的规则，一名运动员严重犯规三次就将被取消成绩，而此时已经犯规两次的伊万诺娃明显因为着急加速出现了技术动作变形。

但电光石火之间，裁判没有及时出示犯规判罚，最终伊万诺娃第一个冲过终点。第二个到达的陈跃玲，看着对手庆祝的背影，显得格外失落。

然而，反转很快发生。经过商议，裁判组判伊万诺娃冲刺阶段犯规，她因为累计三次犯规被取消成绩。

最终陈跃玲的金牌失而复得，中国田径实现了奥运金牌"零的突破"。她的队友李春秀获得铜牌。

中国竞走帮助中国田径实现了历史性的突破，曲折的夺金过程恰似她们艰苦的突破之路，每一步都是用汗水和泪水浇灌而成。

孤胆英雄，力挽狂澜

陈跃玲拿下中国田径首枚奥运会金牌，让竞走成为中国田径队重点发展的项目。作为国内著名的竞走教练，王魁麾下云集了众多竞走高手，除了陈跃玲，王丽萍也是其中之一。这名从小就格外努力、

骨子里透着不服输的劲儿的运动员,同样在奥运赛场上实现了摘金的壮举。她和陈跃玲,上演了同一个师门的冠军传承。

因为肠胃不好,王丽萍在训练中一旦运动量太大就会呕吐。但是为了取得好成绩,意志顽强的她忍受着身体的不适,一直保持着高强度的训练。

2000年悉尼奥运会前,她在选拔赛中连续取得了好成绩,最终获得了奥运会参赛资格。彼时,王丽萍在奥运会上的夺冠前景并不被看好。不承想,王丽萍却给世人带来了惊喜。

2000年9月28日,悉尼奥运会女子20公里竞走比赛打响,王丽萍和队友刘宏宇携手出战。比赛中突发意外,刘宏宇连续被判犯规，最终因为累计三次犯规被罚出场，中国队折损了一员大将。尽管王丽萍一直处于第一梯队，但她距离第一名有一定的差距，此时大家都认为中国队夺金无望了。

但是王丽萍没有放弃，她稳扎稳打一路追击，逐渐排在了第三的位置。比赛的最后阶段，让人意想不到的事发生了，排在前两位的选手相继被罚出场，**最终王丽萍以1小时29分05秒、破奥运会纪录的成绩拿到金牌，领先第二名足足有28秒！**

夺冠后的王丽萍显得有些孤独，教练组没有跟随她来到终点，现场的观众中华人也不多，她甚至都没能披上五星红旗绕场庆祝。

领奖台上，王丽萍挥舞着双手庆祝。从赛前的不被看好，到最终力挽狂澜摘金，她用永不放弃的精神，完成了中国竞走的又一次辉煌壮举。

迟到 11 年的荣誉

2012年8月12日，伦敦奥运会女子20公里竞走比赛打响。中国队三名选手切阳什姐、刘虹和吕秀芝，分别获得了第三、第四和第六名，均无缘金牌。

但在多年之后，当时获得冠军、亚军和第五名的选手，都因为使用违禁药品而被剥夺了成绩。最终切阳什姐递补获得金

牌，刘虹和吕秀芝递补获得银牌和铜牌。

2023年10月4日，杭州亚运会的赛场迎来了一场特殊的颁奖仪式，切阳什姐、刘虹和吕秀芝三人分别戴上了2012年伦敦奥运会的金牌、银牌和铜牌，中国竞走又迎来了历史性的时刻。这场迟到了十一年的颁奖仪式，是对所有遗憾的一次弥补。

三位中国姑娘，本该在2012年享受这一切的鲜花和掌声，本该在伦敦听着国歌奏响，领取属于她们的奥运荣耀。中国竞走，原本可以在2012年完成壮举，向世人展示三面五星红旗同时升起的宏伟场面。

"大满贯"征程

2016年8月20日,里约奥运会女子20公里竞走比赛中,中国队派出了和2012年伦敦奥运会一样的参赛阵容。最终在三位选手完美的配合下,刘虹成功夺得金牌,吕秀芝获得铜牌,切阳什姐获得第五名。

这枚金牌来之不易。在最后一圈拐弯时,刘虹和墨西哥选手冈萨雷斯都在进行最后的冲刺。在距离终点仅剩几十米时,刘虹仍落后对手，但是此时刘虹利用一个漂亮的内切走位，成功超越冈萨雷斯，冲过终点。

1小时28分35秒，刘虹领先2秒惊险夺冠。一个超级漂亮的绝杀，让她站上了最高领奖台。自此，刘虹实现竞走"大满贯"（集奥运会冠军、世锦赛冠军及世界纪录保持者于一身）。完成"大满贯"后，29岁的刘虹选择退役、结婚生子。但产后半年，她就选择复出，一边高强度训练、比赛，一边陪伴孩子成长。2020东京奥运会，34岁的刘虹拿到了女子20公里竞走铜牌，继续自己的传奇之路。

男子竞走，荣耀之路

2012年8月5日，伦敦奥运会男子20公里竞走比赛打响，中国队陈定、王镇和蔡泽林三名选手出战，当天还是陈定20岁生日。

比赛开始后，三名中国选手便处在第一梯队，与几名俄罗斯选手一起领先。比赛的进程跌宕起伏，几名夺冠热门选手交替领先。

比赛进行到第16公

里时，陈定突然发力冲到了最前面，随后他继续加速，取得了巨大的优势。此时的陈定信心满满，他高举右手比出"第一"的手势，并与观众击掌。最终这个信心十足的年轻人，以1小时18分46秒的成绩打破奥运会纪录，强势地拿下了这枚颇具历史意义的金牌。

陈定成为继刘翔之后，又一位获得奥运会田径项目金牌的中国男选手。 同时，这枚金牌还是中国男子竞走的首枚奥运金牌，经历了几代人的努力，中国男子竞走终于在奥运赛场上取得了突破。

陈定在2012年伦敦奥运会创造历史，

彼时他的队友王镇拿到了一枚铜牌。2016年里约奥运会，王镇更进一步，帮助中国竞走实现了这个项目的卫冕。值得一提的是，王镇的夺冠之路也是颇为曲折，他在比赛中一度被踩掉了鞋子，但是被打乱节奏的王镇，依旧勇夺冠军。

2016年8月13日，里约奥运会男子20公里竞走比赛打响。开局不久王镇就遭遇意外，他被对手踩掉了鞋子，只能无奈地去赛道外穿好鞋子重新上阵。然而这并没有阻挡他夺冠的脚步，他用强大的实力弥补了意外事件造成的时间损失。

最终王镇以1小时19分14秒的成绩拿

到冠军，另外一名中国选手蔡泽林获得亚军。中国竞走人依靠自己的汗水和努力，帮助中国队连续两届奥运会斩获这个项目的金牌。

一批批中国田径人，
以不惧挑战的姿态，
用汗水灌溉出奇迹，
在世锦赛和奥运会的赛场上带来惊喜。

5000米跑道上，"东方神鹿"王军霞英姿飒爽；
万米赛道上，邢慧娜神奇冲刺；
标枪赛场中，刘诗颖一掷摘金；
跳远沙坑里，王嘉男一跃成名。

他们不是天赋异禀的天之骄子，
却用异于常人的努力和付出，
实现了中国田径一次又一次的艰难突破。

第五章

不惧挑战
——英雄辈出

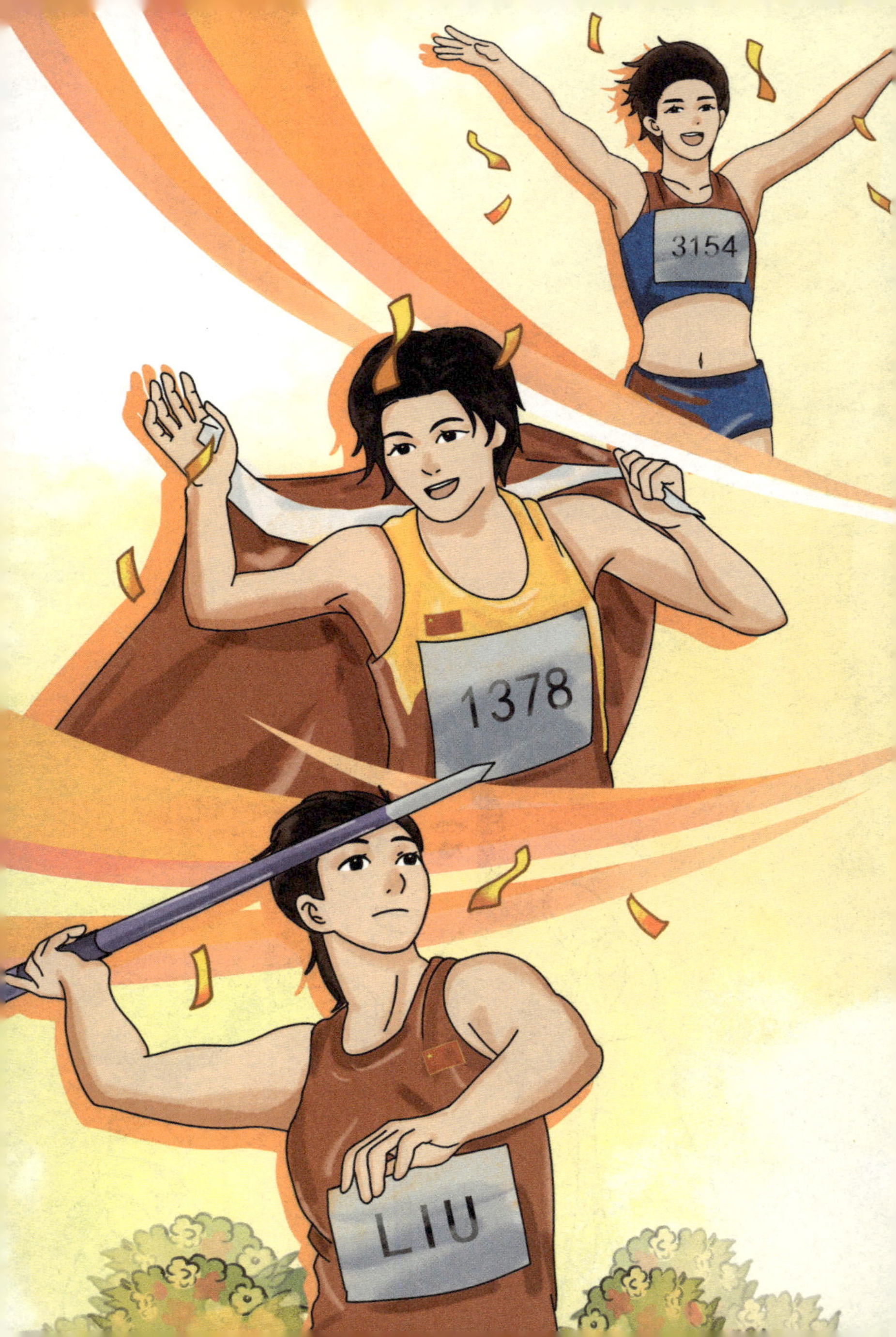
3154
1378
LIU

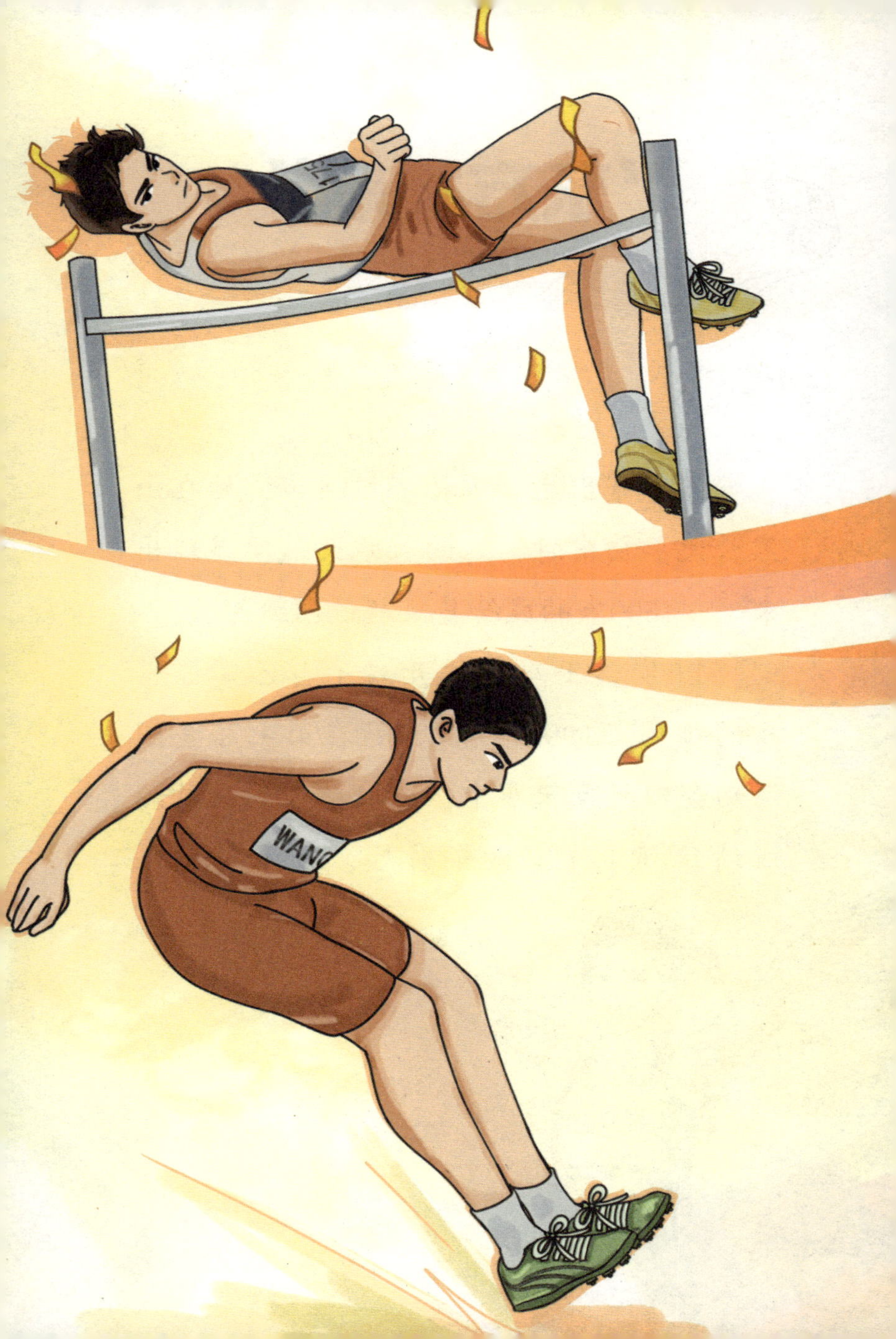

"东方神鹿"
奥运摘金

　　王军霞出生于吉林省蛟河市,她在山里长大。初中时,她的长跑天赋便显现出来——1500米的成绩甚至超过同龄男生。

　　20岁,王军霞便开启了自己震惊世界的征程。1993年6月,她在第七届全国运动会田径预选赛中,以打破亚洲纪录的成绩拿到冠军。两个月后,王军霞站在

了世界田径锦标赛的舞台上，以30分49秒30的成绩力压群芳，拿到女子10000米金牌，并创造了新的世锦赛纪录。

惊喜还在继续，1993年9月，她在第七届全国运动会上第三次改写纪录，将沉寂了七年之久的女子10000米世界纪录，缩短了41秒96。

"东方神鹿"彻底震惊世界，一个身材瘦小的中国女孩，驰骋在女子万米赛场上，以让对手望尘莫及的姿态，一次次突破人类极限。

1993年至1994年，短短两年时间里，王军霞接连斩获全国十佳运动员、杰西·欧文斯国际奖和《田径新闻》年度女子运动员，成为世界田径界的新偶像。

1996年7月29日，亚特兰大奥运会女子5000米决赛，赛前发热、腹泻的王军霞走上了起跑线。起跑初始她险些在对手的推搡中摔倒，还好她稳住了自己的身体。随后王军霞突出重围，与来自肯尼亚的选手保利娜·孔加并驾齐驱。最后时刻，王军霞凭借极强的冲刺能力，瞬间甩开对手并第一个冲过终点线。

　　中国田径历史上第二枚奥运金牌就此诞生，王军霞在极端不利的局面下完成了壮举。看台上一名观众给了王军霞一面五星红旗。**身披国旗绕场一周的"东方神鹿"，接受着全场的欢呼。**这个美妙的画面，成为奥运史上的经典画面。

　　作为唯一同时进入女子5000米和

10000米决赛的运动员,王军霞在随后的万米决赛中一度领先,但最后时刻被葡萄牙选手费尔南达·里贝罗超越,遗憾摘银。

1金1银,王军霞在职业生涯唯一的奥运之旅中收获了圆满的结局,"东方神鹿"彰显出中国速度。

万米征途，"娜"是奇迹

1996年亚特兰大奥运会，王军霞在女子长距离项目中横空出世。但之后的几届奥运会中，中国选手鲜有突出表现。2004年雅典奥运会成为其中的亮点，赛前并不被看好的邢慧娜，踏上万米征途，给国人带来了意外的惊喜。

21世纪初的女子中长跑比赛，冠军大

多是非洲选手，埃塞俄比亚女子长跑的集体优势非常明显。**2003年，19岁的邢慧娜在世界田径锦标赛中崭露头角，她带伤上阵，跑出了30分31秒55的个人最好成绩，创造了当时的世界青年纪录**。这场比赛也为她备战第二年的奥运会，积攒了足够的自信。

　　2004年8月28日，邢慧娜走上了雅典奥运会女子10000米的赛场，初出茅庐的她并不被看好，来自埃塞俄比亚的埃杰加耶胡·迪巴巴被视作夺冠热门选手，迪巴巴的两位队友德拉图·图卢和沃克内什·基达内同样实力不俗。面对三名埃塞俄比亚选手，邢慧娜如何才能创造奇迹？

　　三名埃塞俄比亚选手开局就彰显了惊人的实力，她们不仅迅速建立巨大的优势，还实现了对部分选手的"套圈"。

邢慧娜此时采取跟随的战术，她并没有急于发力，也没有被实力强大的对手甩开，而是默默跟随。

最后时刻，邢慧娜终于等到机会，她健步如飞，接连超越身前的三名埃塞俄比亚选手，第一个冲过终点。赛前不被人看好的邢慧娜，神奇地拿到了金牌。

比赛中出现了有意思的一幕，埃塞俄比亚选手迪巴巴第二个冲过终点，她开心地举起双手庆祝。原来她误以为此前冲过终点的邢慧娜，是被自己"套圈"的选手。本以为已将冠军收入囊中的迪巴巴，只能接受摘银的结局。

默默努力，咬牙跟随，邢慧娜抓住

了对手轻视自己的机会,打了一场漂亮的逆袭之战。时隔八年,中国选手再度站上了奥运会中长跑的最高领奖台。

标枪新星，改写历史

铅球、标枪、铁饼、链球，是田径比赛中的四大投掷项目。2020东京奥运会之前，除了标枪，中国田径队在其余三个投掷项目中，都有奥运奖牌斩获。年少成名的标枪选手刘诗颖，自然被人们寄予厚望。

从小就具备很强自理能力的刘诗颖，

早早地开始了标枪训练。2016年里约奥运会,她在资格赛中排名第23位,无缘决赛。但在随后的几年中,她开始在国际大赛崭露头角。

2018年雅加达亚运会,刘诗颖以66.09米的成绩摘金。次年的世界田径锦标赛,刘诗颖又以65.88米的成绩获得银牌。

2020东京奥运会开始之前,刘诗颖并不是夺冠热门选手,因为世界顶级选手曾多次投出70米以上的成绩。然而命运眷顾有准备的人,刻苦训练、不断奋进的刘诗颖,在东京奥运会的赛场,用一个美妙的开局成就了创造历史的壮举。

2021年8月6日,东京奥运会女子标枪决赛打响,12名选手分别进行6轮投掷,成绩最好的选手将获得冠军。比赛的开局非常重要，在靠前轮次投出好成绩，将给对手造成巨大的心理压力。

12名选手中，来自波兰的玛利亚·安德烈奇克是女子标枪最具竞争力的选手，她在奥运会前曾投出超过70米的佳绩。不过好在刘诗颖抓住了开局，她第一投就取得66.34米的好成绩，这一投的完美发挥，显然给在场的所有选手带来了巨大的压力。随后的比赛中，所有人都试图超越这个成绩。重压之下，她们的心态发生变化，技术动作出现变形，具备投出70米以上实力的运动员，都被刘诗颖的完美开局打乱了节奏。

最终刘诗颖凭借第一投的完美发

挥，一掷摘金创造历史。夺金之后的刘诗颖，身披国旗绕场一周，享受全场的欢呼，享受创造历史带来的喜悦。

中国标枪在奥运会无奖牌的历史宣告终结，奋斗了十余载的刘诗颖，演绎了梦幻的夺金旅程。

朱建华获田径首枚奖牌

中国田径奥运史上的首枚奖牌获于1984年,名将朱建华实现了中国田径奥运奖牌"零的突破"。

朱建华年少成名,18岁就在亚洲田径锦标赛中以2.30米的成绩打破了亚洲纪录,随后他开始了自己的传奇征程。1983

年6月到1984年6月，他连续三次打破男子跳高世界纪录，将纪录从2.36米提高到了2.39米。

首届世界田径锦标赛，朱建华便斩获了男子跳高第三名。**在那个欧美选手闪耀田径赛场的年代，朱建华成为跳高项目中独特的风景线。**

1984年洛杉矶奥运会跳高决赛，朱建华未能发挥出自己的最高水平，以2.31米的成绩获得了一枚铜牌。这是一枚价值连城的奖牌，也是那届奥运会中国田径队斩获的唯一奖牌。这枚奖牌成为中国田径漫长征途的起点，往后的岁月里，无数中国田径人像朱建华一样不断挑战自我，让五星红旗飘扬在奥运会田径赛场。

王嘉男一跃成名

田径赛场上的跳远和三级跳远项目，对于选手的速度和爆发力有着极高的要求。来自欧洲、美洲和非洲的选手，常常在赛场上占据优势。但顽强的中国选手没有轻易放弃，他们通过几代人的努力，不断实现突破。

王嘉男率先实现了金牌层面的突破。2022年7月17日，世界田径锦标赛男子跳远决赛，王嘉男最后一跳上演惊天一跃，跳出了8.36米的好成绩，逆转拿到了金牌。

王嘉男成为首位在世界田径锦标赛男子跳远项目中夺金的中国运动员，中国田径迎来历史性的时刻。这枚得之不易的金牌，来自中国几代田径人的努力和奋斗。

早在2016年里约奥运会的男子三级跳远比赛中，董斌便拿到了铜牌。五年之后的东京奥运会，朱亚明在董斌的基础上更进一步，拿到男子三级跳远项目的银牌。

前进的每一步都是历史，每一次突破都异常艰难，中国跳远选手日拱一卒的进步，恰是中国田径队不断突破的缩影。

致敬
奥运会英雄谱

回首中国田径的奋斗之路，无数辉煌的篇章，见证了中国田径人开拓进取的英雄征途。因篇幅有限，无法呈现每一个动人的故事，每一次振奋的突破，每一段传奇的生涯。谨以英雄谱的方式，向所有为中国田径事业挥洒汗水、奋斗终生的人们，致以最崇高的敬意。

\	1984年洛杉矶奥运会	\
朱建华	男子跳高	铜牌
\	1988年汉城奥运会	\
李梅素	女子铅球	铜牌
\	1992年巴塞罗那奥运会	\
陈跃玲	女子10公里竞走	金牌
黄志红	女子铅球	银牌
曲云霞	女子1500米	铜牌
李春秀	女子10公里竞走	铜牌

	1996年亚特兰大奥运会	
王军霞	女子5000米	金牌
王军霞	女子10000米	银牌
隋新梅	女子铅球	银牌
王妍	女子10公里竞走	铜牌
	2000年悉尼奥运会	
王丽萍	女子20公里竞走	金牌
	2004年雅典奥运会	
刘翔	男子110米栏	金牌
邢慧娜	女子10000米	金牌
	2008年北京奥运会	
张文秀	女子链球	银牌
巩立姣	女子铅球	铜牌
宋爱民	女子铁饼	铜牌
周春秀	女子马拉松	铜牌
	2012年伦敦奥运会	
陈定	男子20公里竞走	金牌
切阳什姐	女子20公里竞走	金牌
李艳凤	女子铁饼	银牌
刘虹	女子20公里竞走	银牌
司天峰	男子50公里竞走	银牌

巩立姣	女子铅球	银牌
李玲	女子铅球	铜牌
王镇	男子20公里竞走	铜牌
吕秀芝	女子20公里竞走	铜牌
张文秀	女子链球	铜牌
2016年里约奥运会		
刘虹	女子20公里竞走	金牌
王镇	男子20公里竞走	金牌
蔡泽林	男子20公里竞走	银牌
张文秀	女子链球	银牌
吕秀芝	女子20公里竞走	铜牌
董斌	男子三级跳远	铜牌
2020东京奥运会		
巩立姣	女子铅球	金牌
刘诗颖	女子标枪	金牌
朱亚明	男子三级跳远	银牌
王峥	女子链球	银牌
刘虹	女子20公里竞走	铜牌
汤星强/谢震业/苏炳添/吴智强	男子4X100米接力	铜牌

截至2020东京奥运会结束

典藏 中国田径荣耀时刻

曲云霞创历史

1991年,19岁的曲云霞获得亚洲田径锦标赛女子800米和1500米的金牌。1992年巴塞罗那奥运会女子1500米决赛,曲云霞面对强敌,跑出了3分57秒08的好成绩,收获一枚铜牌,由此成为中国第一位获得奥运会中长跑项目奖牌的运动员,中国田径迎来新起点。

周春秀的马拉松奇迹

2006年多哈亚运会,周春秀拿到女子马拉松项目的金牌。次年的世界田径锦标赛,她拿到一枚银牌,帮助中国马拉松实现世界大赛奖牌"零的突破"。2008年北京奥运会马拉松的赛场上,周春秀拿到一枚铜牌,这是截至2024年巴黎奥运会开赛前,中国田径在马拉松项目上唯一的奥运奖牌。42.195公里,超过2小时的时间,这段征途中,周春秀倾其所有、超越自我,她是坚忍的追梦人。

中国女力士的崛起

铅球、铁饼、标枪、链球等投掷项目中，一代代中国女力士超越自我，为奥运会中国体育代表团取得奖牌。她们虽然未能像巩立姣、刘诗颖一样实现金牌梦，但能在世界最高水平的舞台上，凝望五星红旗升起，已然是莫大的荣耀。

1988年汉城奥运会，李梅素以21.06米的成绩拿到女子铅球项目的铜牌，实现了中国女子田径奥运奖牌"零的突破"，成为中国女子田径在投掷项目中的辉煌起点。1992年巴塞罗那奥运会，黄志红拿到女子铅球的银牌；四年之后的亚特兰大奥运会，隋新梅也在这个项目中摘银；进入21世纪，女子铁饼、链球、标枪均在奥运会的赛场上斩获奖牌。中国女力士，令人骄傲！

中国链球不断攀登

中国女子链球运动员张文秀堪称"无冕之王"。2008年北京奥运会，张文秀在家门口作战，这是她第二次出征奥运会。凭借74.32米的成绩，她获得一枚铜牌。由于排名第一的白俄罗斯选手阿克萨娜·米安科娃药检复检呈阳性被剥夺金牌，张文秀递补获得银牌。这枚奖牌实现了中国链球奥运奖牌"零的突破"。2012年伦敦奥运会和2016年里约奥运会，张文秀分别拿到了铜牌和银牌。四战奥运会拿下三枚奖牌，张文秀带着坚定的信念不断攀登，她的拼搏精神值得铭记。

2020东京奥运会，即将年满34岁的老将王峥拿到女子链球项目的银牌，中国链球再次闪耀奥运赛场。耀眼的金牌是高悬的目标，目标之下，中国链球人正勇敢无畏地、不知疲倦地、永不言弃地攀登着。

田径小百科

☆ 项目和历史

田径是跑、跳、投、竞走以及由跑、跳、投项目组成的全能运动项目的总称。田径赛事一般分为场地赛和公路赛,场地赛包含田赛项目、径赛项目、全能项目,公路赛包含路跑项目和竞走项目。

田径运动历史悠久,最早的田径比赛在公元前776年的古希腊奥林匹亚举行。1896年第一届现代奥运会上,走、跑、跳跃、投掷等12个项目被列为田径比赛的主要项目。1912年7月17日,田径的最高组织机构国际田径联合会(简称国际田联)在瑞典首都斯德哥尔摩成立。2019年6月,国际田联更名为世界田联。

☆ 器材介绍

起跑器

400米及400米以下项目采用蹲踞式起跑使用的一种装置,由前后两块抵足板和一个固定支撑架组成,运动员起跑时利用起跑器获取更快的启动速度。

接力棒

在接力跑时使用的短棒,需要运动员传递。

跨栏架

在跨栏运动中使用，运动员须跨越跨栏架完成比赛。奥运会比赛中男子110米栏和女子100米栏均设10个栏架，男子栏架高约1.07米，女子栏架高约0.84米。

跳高架

由底盘、钢管（或木制）立柱以及横杠托板组成，横杠托板上配有上下滑动的卡扣，用于固定和调整跳高横杆的高度。

跳高横杆

放置于跳高架上的横杆,运动员须跃过横杆且保证横杆不掉落,成绩方才有效。

铅球

金属制成的球体,外表光滑。奥运会比赛中男子运动员使用的铅球重量约为7.26千克,女子运动员使用的铅球重量约为4千克。

铁饼

呈圆形、饼状,中间厚,边缘薄。奥运会比赛中男子运动员使用的铁饼重量为2千克,女子运动员使用的铁饼重量为1千克。

标枪

一种两头细长,中间较粗的长杆,用木头或金属制成,前端安装尖的金属头。运动员投掷标枪后,前端金属头扎在地面的位置到投掷区的距离即为运动员的成绩。奥运会比赛中男子运动员使用的标枪长度为2.6~2.7米,重量至少为0.8千克;女子运动员使用的标枪长度为2.2~2.3米,重量为0.6千克。

链球

  球体用铁或铜等金属制成，上面装有链子和把手，运动员手持把手旋转扔出链球。奥运会比赛中男子运动员使用的链球重量约为7.26千克，女子运动员使用的链球重量约为4千克。

☆ 名词解释

田赛	在田径场规定的区域内进行的跳跃及投掷项目竞赛的统称，以高度或远度计算成绩。
径赛	在田径场的跑道上或规定道路上进行的跑和走的竞赛项目的统称，以时间计算成绩。
短跑	短距离跑的简称。在奥运会的赛场上，一般指400米及以下距离的田径运动项目。奥运会的短跑项目包括100米、200米、400米。
中长跑	中距离跑和长距离跑的简称。在奥运会的赛场上，一般指800米及以上距离的田径运动项目。奥运会的中距离跑项目包括800米、1500米；长距离跑项目包括5000米、10000米、3000米障碍赛、马拉松。
接力跑	每队四名队员，依次传递接力棒，并跑完一定距离。奥运会的接力跑项目包括4×100米和4×400米。
障碍跑	在跑向终点的过程中必须跨越规定障碍的比赛项目。奥运会的障碍跑项目为3000米障碍跑，选手在途中须跨越35个障碍栏架，其中7个附有水池。

跨栏跑	运动员在一定距离内跨过规定高度和数量的栏架的比赛项目。奥运会的跨栏跑项目包括男子110米栏、女子100米栏、男子400米栏、女子400米栏。
竞走	运动员两腿交互迈步前进，与地面保持不间断的接触，在任何时间都不得两脚同时离地，从摆动腿着地到重心垂直支撑面，膝关节须保持伸直状态，不得屈膝。
马拉松	一般指全程距离约为 42.195 公里的长距离跑项目。
跳跃项目	主要考验选手弹跳力和爆发力的项目。奥运会的跳跃项目包括跳远、三级跳远、跳高、撑竿跳高。
跳远	运动员助跑后，起跳落入沙坑。最终测量运动员从起跳线到落地点距离的远近，距离最远者为获胜者。
三级跳远	运动员助跑后，连续三次跳跃，第一次单足跳，第二次跨步跳，最后一次须双脚同时落地进入沙坑。最终测量运动员跳出距离的远近，距离最远者为获胜者。

撑竿跳高	运动员持竿助跑,借助撑竿的支撑腾空,在完成一系列复杂的动作后越过横杆的运动,越过横杆的高度最高者为获胜者。
投掷项目	主要考验选手绝对力量、爆发力和技巧的项目。奥运会的投掷项目包括铅球、铁饼、链球、标枪。

本书所有数据统计截至2024年巴黎奥运会开赛前。

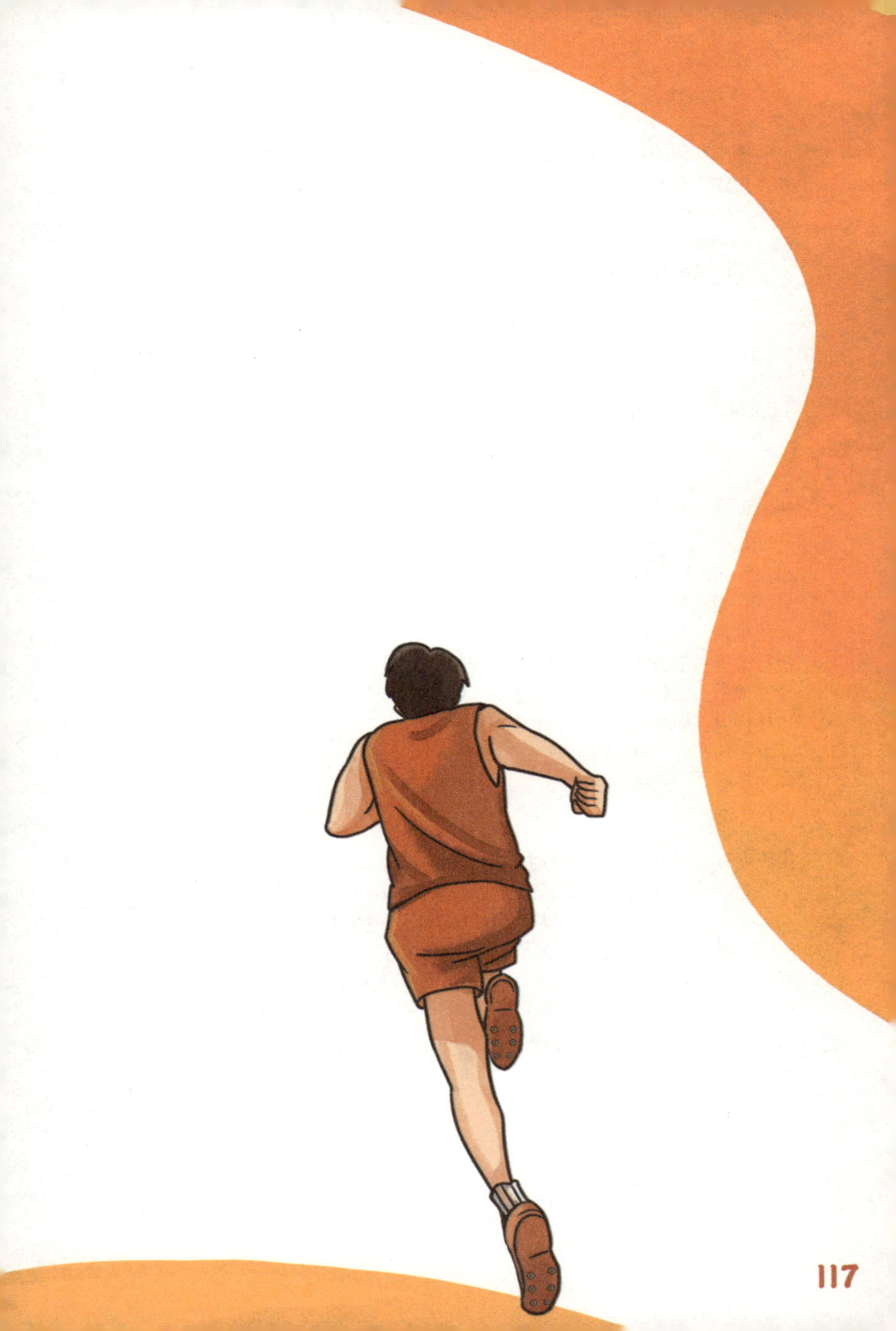

图书在版编目（CIP）数据

中国田径 / 柳建伟主编 . -- 北京：北京时代华文书局，2024.7.
ISBN 978-7-5699-5566-8

Ⅰ．K825.47

中国国家版本馆 CIP 数据核字第 2024LN1819 号

Zhongguo Tianjing

出 版 人：陈　涛
总 策 划：董振伟　直笔体育
责任编辑：马彰羚
执行编辑：黄娴懿　孙沛源
特邀编辑：李　天　王　婷
责任校对：畅岩海
装帧设计：程　慧　迟　稳　段文辉
插画绘制：王　璐
责任印制：訾　敬

出版发行：北京时代华文书局 http://www.bjsdsj.com.cn
　　　　　北京市东城区安定门外大街 138 号皇城国际大厦 A 座 8 层
　　　　　邮编：100011　电话：010-64263661　64261528

印　　刷：三河市嘉科万达彩色印刷有限公司
开　　本：787 mm×1092 mm　1/32　　成品尺寸：130 mm×190 mm
印　　张：4　　　　　　　　　　　　 字　　数：38 千字
版　　次：2024 年 7 月第 1 版　　　 印　　次：2024 年 7 月第 1 次印刷
定　　价：29.80 元

版权所有，侵权必究

本书如有印刷、装订等质量问题，本社负责调换，电话：010-64267955。